此心安处是吾乡

浙江民宿导览

Guide for Homestay Inn in Zhejiang

浙江省旅游局 编

中国旅游出版社

前言

此心安处是吾乡

在中国960万平方公里波澜壮阔的土地上，有这样一片充满了山水胜景和诗情画意的“小”地方，她似一位窈窕女子，含着风雅颂的歌吟款款走来，曼妙舒畅；她似一杯澄澈的山泉，随唐诗之路流动着的诗意，留下一路芬芳。她的名字叫“浙江”。

“七山二水一分田”的地形中孕育了一群既勤劳大气，又精致内敛的民宿主人，在浙江大地培育出一批充满理想、传承经典、回归田园，又有着精致器皿、个性家具、美食美景、在地特色的精品民宿，在浙江这个大花园，开创了“百花齐放”的民宿大发展时代。

期待你来浙江这片充满生机的大地，体验浓厚淳朴的风土人情，返璞归真的生活方式，在喧嚣市井之外，于自然人文之中，拾片刻闲情野趣，寻一方心灵净土。

此心安处是吾乡，这里有原汁原味的乡野和田园，这里有精心制作的美食和佳酿，这里更有温暖贴心的问候和笑容。在“浙里”有的，或许是意想不到的惊喜，或许是镜头定格的浪漫，或许只是桌柜床头的一缕禅香……请记住这种感觉，把它传递给更多的朋友们。

杭州

温州

宁波

湖州

金华

绍兴

嘉兴

舟山

衢州

台州

丽水

杭州

HangZhou

西湖边的白房子
藏着桂香肆意的秋，
山脚的老宅依稀听得见灵隐的梵音，
玻璃房里抬头便看到漫天星辰……
有茶有酒有故事，我只等你。

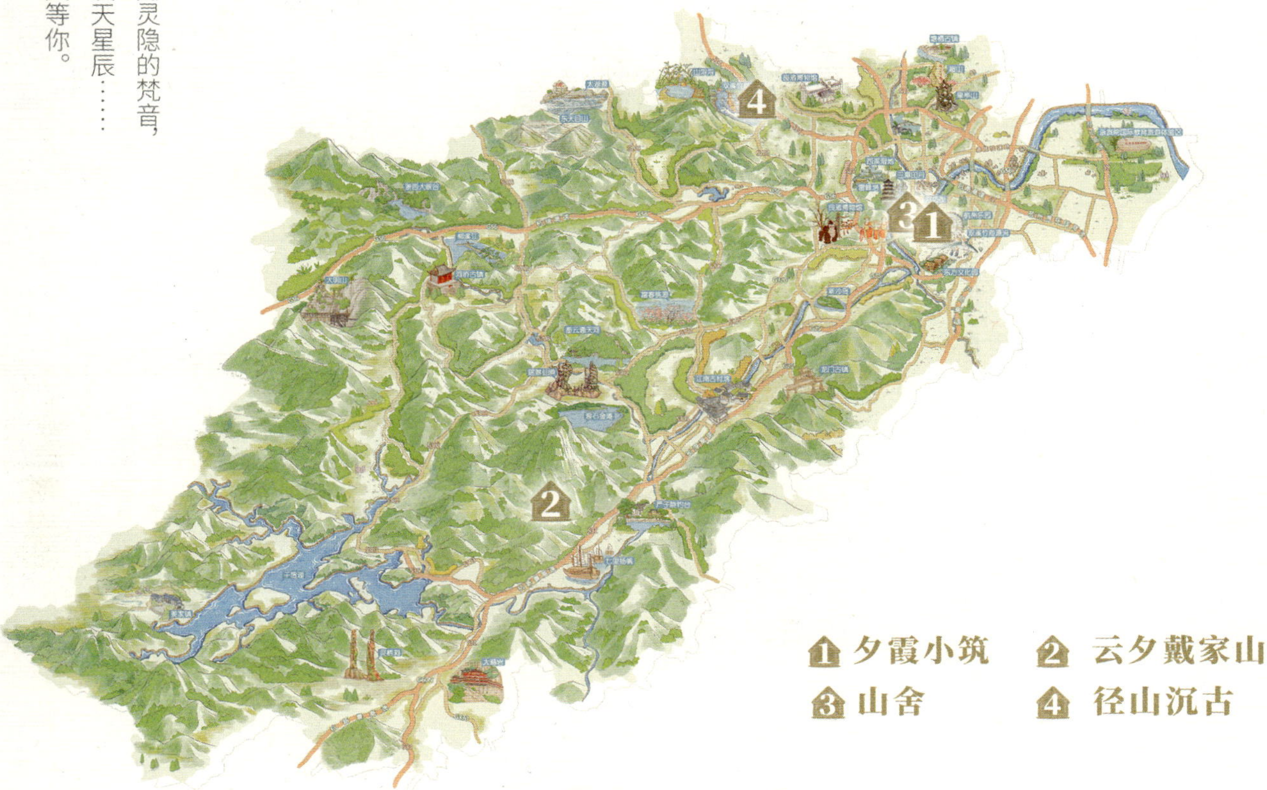

夕霞小筑

水流心不竞，
云在意俱迟

夕霞小筑坐落在北山老房子的尽头，精致小舍弥漫着花香。原本是大佛禅寺，如今院内青苔连瓦，依旧带着浓浓的禅意。两棵古银杏洒落一地金黄，时光都醉在了眼前。这里不仅有干净的客房、便利的设施，还有一个枕湖而眠的旖旎的梦。

杭州市西湖区北山街27号
0571-85860027

小贴士

玩点：断桥残雪、平湖秋月、苏堤春晓、宝石山
美食：桃胶红烧肉、照烧三文鱼、鳗鱼饭、甜羹、养生鸡汤等中西结合的创意菜
特产：龙井茶、西湖藕粉

云夕戴家山

源于山林，返璞归真

300把扫帚绑扎而成的屋顶，原始的木头垒起的外墙，传统的畲族装饰与图样……17间畲文化主题的原墅里，大面积的落地玻璃，写满了东方的禅意与静谧。在这僻静幽谷里，还藏着一家中国最美的书店：先锋云夕图书馆。

杭州市桐庐县莪山畲族乡戴家山村

18257156065

小贴士

玩点：体验传统畲味活动（打麻糍、翻油几等）、先锋云夕图书馆、云夕菜园、畲族古道、溯溪探险

美食：山谷星厨西餐、新概念私房菜、乡土美食、姑妈家的畲味等米其林星厨餐

特产：黄花菜、板栗、笋干、豆腐干、钟山蜜梨

山舍

美好不止于眼前

在满觉陇馥郁的桂花香气里，山舍避世于此。刻满岁月痕迹的旧木桌，老式的收音机，稚拙可爱的手绘地图，飘逸慵懒的音乐，让人不由自主地放松下来。值得一提的是，山舍咖啡厅作为杭州的打卡之地，其特色桂花拿铁绝对值得你停留。

杭州市西湖区上满觉陇19号

0571-87221970

小贴士

玩点：自营咖啡书店pillow books枕边书、满陇桂雨、水乐洞、杭州动物园、九溪烟树、九溪十八涧、龙井、灵隐寺、西湖

美食：香蕉芝士等手作应季甜点、现磨咖啡、爆款桂花拿铁、特色四季拌面

特产：桂花龙井、手工桂花蜜桂花干、西湖龙井、pillow goods枕边杂货铺

径山沉古

博物馆的奇妙夜

在稻田和竹海的包围之中，走进沉古，像坠入了一个复古的博物馆奇妙夜。民宿主人是个收藏家：这里的手工老花砖、家具、每一幅画都是他的珍藏。日光将落的黄昏，集装箱小墅上的浮世绘映着远处墨色的茶山，向往的生活不过如此。

杭州市余杭区径山镇小古城村下钱家1号

0571-88585677

小贴士

玩点：千花里、径山寺、双溪竹海漂流

美食：笋壳包肉、炒三冬、六月霜、腌菜肉、盐卤豆腐、红烧羊肉

特产：径山云雾茶、鸬鸟黄花梨、径山茶糕、灰汤粽（民宿房间很多藏品可以出售）

一色山墅

秋水共长天一色

不同于满觉陇那些沿着山路而建的民宿，一色山墅蜗居在山中一角。灰瓦、白墙、竹篱笆，仿佛私藏了整个江南的灵动与秀气。14间客房，坐拥山景，各有性格。若是邀三五好友前来，夏天啤酒配烧烤，冬天红泥火炉话家常，快哉快哉！

杭州市西湖区下满觉陇212号

17767193740

法兰萌望

香气氤氲里
最温柔的法式民居

红墙白瓦，绿荫环绕，色彩在这里和谐地交织在一起……遇见法兰萌望，就像邂逅了一位奔放的法国少女，有颜值，也有袭人的清香，却保持着一颗细腻的心。美女管家闲时在院子里轻拨琴弦，捧一杯咖啡，满满的幸福味道，让人无可挑剔。

杭州市西湖区四眼井206-208号
0571-87681998

玖别

久别重逢后，
归卧故山秋

“世间所有的相遇都是久别重逢。”住进玖别，简直就是住进了杭州的肺里。来玖别，无须太多的理由，可能是为了静览一本藏书，为了共度一个美好夜晚，抑或只是为了看一场二月雪，闻一树桂花香。好茶与好酒这里都有，可否共饮一杯无？

杭州市西湖区龙坞茶村9号

18958018109

珑璟心情

花园春夏不栽花，
唯植青枝伴石崖

杭州西湖边的四眼井，一直都是小资民宿的落脚地。珑璟心情在自家门口建造了一个小庭院，似乎想与都市的繁华隔绝。在庭院的老樟树下，主人搭建了一个舞台，最适合约三五好友一起烧烤、小酌。低沉的音乐溢出门庭，门口的花苗开得正欢，院内的浓情蜜意，特别温暖。

杭州市西湖区四眼井11号
0571-87985811

御墅客栈

生无所好，
见此心依然

在龙井山下，杭州的一位美女主持人打造了这样一栋回归自然的民宿。驱车驶过茶叶博物馆，满满一大片的绿意盎然扑面而来，走进茶园深处，一排紫竹篱笆的掩映之下，御墅客栈就隐匿于此。满院的绿植花卉，郁郁葱葱，好似春天永远不会败。

杭州市西湖区龙井支路双峰新村97号
18157179966

威廉的太妃糖

隐逸在西湖山间的最甜民宿

隐逸在隽秀的山水间，远处是灵隐寺传来的暮鼓晨钟，再配上石砌的外墙、铁艺的门灯……走进大门，好似穿越到欧洲的乡间。甜甜的太妃糖香里，落地的木格窗、斑驳的花墙纸、复古的四柱床镶嵌着杭州这家最甜民宿浓浓的乡野情怀！

杭州市西湖风景区天竺路271号

0571-85066211

月亮工坊

月色婆娑知何处

月亮桥村见证了乾隆皇帝两次南巡，也见证了千年的繁荣富贵、车水马龙。曾经破旧的黄泥老房摇身一变，成了村子里最亮眼的景致。月亮工坊里，斑驳的老墙、烟火熏染的旧梁被保留，把乡村美学发挥得淋漓尽致。住上一晚，烦恼仿佛被一扫而空。

杭州市临安区天目山镇月亮桥村明空寺30号
13906816639

潭心谷

山光悦鸟性，
潭影空人心

走进潭心谷，就好似误闯了陶渊明的梦。房间风格趋于中西合璧，不带丝毫矫揉造作。素衣长裙一裹，或倚卧藤椅闭目小憩，或端坐茶海前与主人一道喝茶品茗。斜阳映进杯盏，时光搁浅在这山谷间，呼吸间便将湖光山色毫不客气地全部收下。

杭州市临安区天目山镇南天目森林公园口

0571-63893918

波罗蜜

居于山、隐于岭

佛说：般若波罗蜜多。意为“到彼岸”。15间客房，间间都是山景房，开门即见茶园。纯白蜡木制作的家具，简单利落。居于山，隐于岭，静听一曲梵音袅袅，遥望明月相照，径山茶香回味悠长。“采菊东篱下，悠然见南山”，不过如此罢。

杭州市余杭区径山镇径山村桐桥71-2

0571-88507070

海鸟天地

深藏竹海的徽派老宅

竹林深处，一幢明清徽派古宅恬然看尽历史沧桑。民宿主人走遍浙江，一眼相中了这栋百年宅邸。墙基被重新扶起，窗外银杏叶落了又长，老屋又恢复了家的惬意与舒心。厌倦了灯红酒绿的夜晚，不妨来此小隐几日，是另一种旧时光的闲情逸致。

杭州市萧山区河上镇下门村泽荣自然村138号

0571-82277222

秘境山乡生活

在意想不到的地方醒来

这里的位置不算好，来住的客人却不少；设计不是最新的，人们却说这就是脑中的田园梦；只有17间房，但每一间都让人铭记。海拔500米的山谷之中，这里没有一丝商业化的沾染，只有最淳朴的大山生活，满足你对逃离都市的所有需求。

杭州市桐庐县莪山畲族乡新丰民族村戴家山

0571-69879007

未迟

重置时区，
遇见未迟

未迟静匿于黄公望《富春山居图》所描绘的山水秘境中。半山腰处山景环绕，在十个不同的结构空间里坐立卧躺，便可看尽十种千山的体位。4号楼本是一间废弃牛棚，经过设计师的爆改，便成了一栋温泉房。在山水长卷中，以最直接的方式融入自然。

杭州市桐庐旧县合岭村张家舍

0571-69900727

天空之城

迎风摇曳多姿态，
质朴无华野趣浓

茆坪村，一个吸引过国画大师叶浅予的古老村落。村里藏了一座“天空之城”，淡雅清丽的白色庭院和青山形成了一幅自然的画卷。白色的基调，搭配50度的灰，帷幔重重的客房里采光极好，晴可沐日光浴，夜可观星空。

杭州市桐庐县富春江镇茆坪村
18072865100

厚院村舍

进则江湖，
退则田园

厚院，有着令人向往的乡间生活。它本是一个被放弃了的半空心村，如今却成了一个乌托邦：菜有菜味，肉有肉香，人与人之间有温暖有信任。在乡村以平均每天80~100个的速度消失的时候，厚院却为那段历史保留下了活态的印记和片段。

杭州市桐庐县横村镇白云村郑城
0571-69966262

美客爱途

抬头观山，低眉听水的小确幸

四面青山，三溪汇集，两幢老房，一对夫妻，春来樱花遍野，夏至翠色满溢，秋起群山斑斓，冬始树干苍劲，构成了美客爱途最原始的风景。在这里，无论是和同学一起来追忆似水年华，还是带着家人享受自然生活，抑或独自来听风看雨，都可以。

杭州市淳安县富文乡青田村雪坑自然村

0571-65058008

芹川古村乡宿

四山环抱二水，
芹水川流不息

贯穿村落的芹溪，青砖黛瓦的古居，雕刻精致的门框……所有江南的婉约，好像都被浓缩在了这个古朴的村子里。乡宿修旧如旧，是江南常见的天井房。17间房延续了徽派建筑的传统风格，木质的隔窗最适合凭栏发呆，夜里还能听得见潺潺水声。

杭州市淳安县浪川乡芹川古村
0571-65036966

喜舍

慈悲喜舍，禅意西湖

佛说，慈悲喜舍，喜舍无量。而它，环抱于梵村的茶山之间，隐匿在梅岭脚下，云栖竹径近在咫尺，寺院的钟声若有若无，在寂静中感受“喜”和“舍”。或许是沾染了灵隐的禅意，走在日式枯山水庭院里，一草一木都显得格外淡然。

杭州市淳安县浪川乡芹川古村

0571-65036966

拾得水石间

共喜年华好，
来游水石间

面临湖湾，背倚青山，黄泥夯土房子，深棕色老木门，让人一下子便掉进平淡朴素的乡村生活里。民宿保留了传统建筑工艺：大木为梁，传统夯，落地窗引阳光入室，独享一整片平静的湖面，待在房间里，湖光会穿过树叶的枝丫透进来。

杭州市淳安县石林镇富德村里
15858177415

栖舍精品民宿

栖闲归故里，
舍此何所求

原木色的家具、黄泥稻草做的背景、无刺激的洗漱用品，春来漫步后花园，冬日围着壁炉喝茶聊天，可体验农活的乐趣，也可深呼吸放空思绪，在这个由80后“本地土著”打造的温馨世界里，主人将家乡情结和家人爱意诠释得淋漓尽致。

杭州淳安县枫树岭镇下姜村5号
（近下姜村居委会）

15957194310

溪湘记宿

野桃含笑竹篱短，
溪柳自摇沙水清

溪湘记民宿倒过来就是“记湘溪”，民宿主人是为了记住湘溪的青山绿水，也为了记住心中的乡愁。相比其他民宿的时尚新颖，“溪湘记宿”更添一份家的感觉。这有一片专属的家庭农场，适时供应各种瓜果蔬菜，能让大家享受到久违的老家味道。

杭州富阳区新登镇湘溪崔家村91号，近坞石线

18268152220

宁波

NingBo

老街的古宅民居、
林间的山乡野墅、
湖畔的隐世小屋……
目光深处，
天蓝、云白、水净，
在宁波，
只剩下风轻云淡的时光。

1 龙观禅那　2 饮海三湾

3 慈舍

龙观禅那

入则静室雅院，
出则离尘桃源

这里藏着大自然最原始的生态：老屋、庭院、花草、小径……禅那一切都以一种最恰当的姿态融入其间。主人是一位戏曲名角，打造这处美宿是对生活美学的极致表达：不刻意为之，却能自然而然地修复世人疲倦的身心。

宁波市海曙区龙观乡龙溪村老南坑

0574-88062777

小贴士

玩点：日式温泉

美食：宁波汤圆、豆酥糖、仓桥面结、油赞子、龙凤金团

特产：禅那黄精酒、黄精茶

饮海三湾

面朝大海，饮海而居

拾级走上蓝色石阶，一抹海洋的味道扑鼻而来。这间以渔文化为主题的房子就建造在石浦的半山腰处，背靠竹林，山下民居错落，港湾千帆停泊，坐拥一片海阔天空。“人家住在潮烟里，万里涛声到枕边”说的就是这处栖居。

宁波市象山县石浦镇三湾路观鱼弄17号

0574-65989998

小贴士

玩点：渔师禅寺、石浦渔港古城、中国渔村、参与腌制咸呛蟹、咸带鱼等

美食：石浦鱼包肉、麦饼筒、鱼滋面

特产：海鲜干、米馒头、夹沙糕

慈舍

悲喜隐去，
慈从舍生

慈舍，隐于慈城古县城，一座三进式老宅院，白墙黑瓦，有九间古朴、极简的客房。“三间堂”里，老匾依旧，东方席地而居的生活方式与仪式感在此延续。泡壶野生茶，抄册《清静心经》，守一刻冥想，享受一段返璞归真的隐世生活。

宁波市江北区慈城古县城太湖路67号
0574-87432525

小贴士

玩点：慈城古镇、城隍庙
活动：喝茶品香、定制禅修冥想等修行课程、即兴书画、插花抚琴、诵读国学
特产：河姆渡茶叶、慈城年糕

官驿湖居

久在樊笼里，
复得返自然

这里被誉为“江南最美的倒影民宿”，栖于东钱湖畔。三栋粉墙黛瓦的江南民居错落有致地静立于院落。以12个宋词词牌命名的客舍，独具宋时气质。沿河的老柿林咖啡有着茅草坡顶，在村里显得格外惊艳，吸引着路人驻足拍照。

宁波市东钱湖旅游度假区下水官驿河头
13605746631

漫休谷

登高望远风云淡，
饮酒赏菊山水间

木屋依山而建，被大片绿意包围，宛如团团织锦镶嵌在浓绿的山坳中。清晨，在潺潺的流水声中醒来，四周的树木绿盈盈的，鸟鸣声就在耳旁萦绕，身处静谧森林的梦怎能不香甜？绿野仙踪的世界，骚动着每个人的童心。

宁波市奉化区溪口镇岩头古村漫休谷度假山庄
0574-88817771

随囍

随遇而安，随缘生活，
随心自在，随喜而作

随囍和周围的房屋都不同，似乎是在大张旗鼓地吸引你的眼球。自成一方的小院种满了各种叫不上名的花，不同主题的房间满足了住客各种需求。坐在阳台摇椅上，和好友泡茶聊天，直到明月挂上天空，怎一个美字了得。

宁波市象山县贤庠镇碶头陈村27号
18857408886

沙塘静湾

人家住在潮烟里，
万里涛声到枕边

向海而生，听浪闻风，由旧民居改造的这家民宿，用“复古风”的装饰，近乎完美地诠释了你我心中的海景梦。村里的渔民们常在近海捕点小海鲜，老板娘就直接买来，做成最地道的海鲜大餐招待客人，绝对让人大饱口福。

宁波市象山县石浦镇沙塘湾村59-60号
0574-65975688

安澜别院

造一座庭院，
沏一壶清茶，
待一位风雅客

这是一座灰白的四合院，背山靠海，推开门就有百里荷塘。主人是一位知性才女，追求古朴纯粹的设计。坐在院中，远看夕阳中波光粼粼的西沪港，近看微风中摇曳的田田荷叶，对田园牧歌生活的向往，可以让你享一份隐与静。

宁波市象山县黄避岙乡高泥村
18368095305

楠山南

采菊东篱下，
悠然见南山

砖石垒起的房屋依山势而建，青石小路曲径通幽，不规则石砖拼贴垒砌的墙面触感透凉，楠山南便隐迹于此。老宅子远离城市的喧嚣、繁华，就像是回到了儿时，可以悠闲地享受一段不被打扰的慢时光。

宁波市宁海县桑洲镇南岭村85－99号
0574－65392828

南山驿

山野乡间、寻常陋巷、
一家客栈、闲散日子、
荒度余生

古树沧桑，老屋陈旧，藏在油菜花梯田间的南山驿如同民谣里走出来一般纯净。主人将空间分割运用到了极致，生活也可以过得井井有条。透过落地窗，你可以仰望漫天繁星，在开阔的阳台上吹山风，过如沐春风般的生活。

宁波市宁海县桑洲镇南山章村80-81号
0574-85392226

乡叙·王干山

梦里日月星辰，
梦醒沧海桑田

略微泛黄的水磨地面、老木头搭建的横梁、蜡染青花布……每一样都唤起人们心底对乡村的回忆，向来访者叙述着乡村里的家常故事。这里是央视推荐的最佳日出观赏点，天光云影倒映在阡陌纵横的海塘之上，美轮美奂近在咫尺。

宁波市宁海县越溪乡王干山村
0574-82533456

鹿山别院

倚窗梦一场，
穿越回明清

走过青石板老街，跟着溪流左转右转，一家百年书院隐匿在古镇中。祖屋东侧是昔日的私塾“积德书院”，经过修葺，成了如今的鹿山别院。没有刻意的设计，没有多余的修饰，留下的只是耐琢磨的美和岁月的斑驳。

宁波市宁海县前童镇鹿山村花桥街35号
0574-65182555

温州

WenZhou

这里有时鲜野味，
有祖辈们留下的黄泥房，
有被溪水磨圆的鹅卵石。
青山绿水的景致随处可见，
衬得梯田更显风韵，
衬得农舍更显淳朴。

1 墟里贰号

墟里贰号

暖暖远人村，
依依墟里烟

推窗即是竹林潇潇、云海漫卷，蛙鸣、柴烟、苔痕……墟里贰号就在楠溪江中游风景最美的古村中。主人小熊曾是律师，她把欧洲乡居生活带回家乡，理想乡村生活的场景，在此一一有迹可循，造就了一个入世的“桃源”。

温州市永嘉县鹤盛镇蓬一村

15067805595

小贴士

玩点：茗岙梯田果蔬采摘、溪边戏水、开放式厨房欢迎客人自制美食、露天电影

美食：土鸡汤、自制豆腐、野菜秋农白炒鸡蛋、炒索面、改良永嘉麦饼

特产：茗岙新米、蓬溪手工纱面、薯枣、柿饼、红心猕猴桃

大罗山嘉居

情浓绿意里，
草色入帘青

这里离城市很近，离尘嚣很远。嘉居的篱笆之外是漫山翠绿，篱笆之内是满院碧绿，翠碧两相依，草色入帘青。民宿位于龙脊登山步道的入口处，主人是户外教师、攀岩教练，热爱户外运动的你怎能错过？

温州市瓯海区茶山街道罗胜村石竹路120号
18958852315

畲情小院

民族风情畲家住，
载歌载舞为山哈

村庄、廊桥、涧溪、茶山……脚踏青石板路，在让川村，扑面而来的是浓浓的畲乡风情。20世纪80年代的KTV、烧炕的会客室、大大的畲字门窗，还有畲家小院质朴好客的主人们热情地打着招呼向你走来，这就是最淳朴的大山生活。

温州市文成县西坑镇让川村
13868686803

沐云·鸣泉乡居

游至山乡，驿在村野

穿越最美公路之一的58省道，在海拔800米的高山之巅，有着浙南唯一一家澳大利亚鲜奶直供的民宿。闲坐窗前，静看远山孤树，呼吸纯净空气，细听窗外盘旋而上的飞鸟清啼，喝着鲜甜牛奶，吃着高山时蔬，成了沐云独有的风景。

温州市泰顺县柳峰乡高场

17757780550

海天左舍

海水无风时，
波涛安悠悠

白色的墙面、帷幔、椅子、云朵……海天左舍将简约大方发挥到了极致。推窗望海，倚栏听风，海天一色的蓝，将这一切的白，衬托得好似“圣托里尼”。落日时分，霞霓漫天挥洒，斜晖入舍而来，道别一天的渔村生活。

温州市洞头区东屏街道仙岩西路245弄20号
15888752266

湖州

HuZhou

青山之下，溪水相伴，
日出而作，日落而息。
喝一杯远离世味的清茶，
听一首大自然的交响曲，
在这个温暖、诗意的地方，
一切都刚刚好。

1 隐西39
2 古道缘
3 西坡莫干山
4 银杏故里

隐西39

隐岑莫干竹海风，
西去湍流山石久

身居山坞，竹林环绕，隐西39在莫干山下独享一片生态净土。原本传统老旧的夯土楼房，在主人精心设计改造下，重现了昔日的光彩。自然与禅意是隐西39所追求的主题。在这里，每个房间都能感受到大自然的四季变换。在竹林泡池中忘却烦忧，在山顶发呆亭里放空身心，或许，身处城市“挖空心思”都想不通的事情，一瞬间就能豁然开朗。

湖州市德清县莫干山镇南麓对河口村西岑坞姚家39号

13906529588

小贴士

玩点：竹林泡池、山顶发呆亭、DIY手工厨房、大景观休闲露台、户外泳池

美食：红烧鱼头、烧豆腐、蒜香荷兰豆、杭椒炒肚

特产：莫干黄芽、竹器、笋干笋衣、红曲酒

古道缘

明月出天山，
苍茫云海间

青石阶，澄澄月。翠竹一路引领，穿山门而入，便是古道缘。民宿主偏爱古道，每个房间也是用古道命名，白茶古道、茶马古道……在这里，时间不再焦急，在院落小憩，风吹凉一杯茶，一人得幽，二人成趣，香香淡淡人深醉，茶韵绵绵化心语。

湖州市安吉县天荒坪镇大溪村横坑坞自然村
13336830156

小贴士

玩点：九龙峡景区、江南天池景区、藏龙百瀑
特色：主人热情周到，饭菜可口；环境清幽避世，还有两只“网红”小猫狗
特产：安吉冬笋、安吉白茶、黄花梨

西坡莫干山

时光里享受温暖，
流年里忘记花开

白墙青瓦的西坡，给人一种回到外婆家的喜悦和安心。这里弥漫着“家”独有的归属感和温暖。带上全家人，约上三五好友，在莫干山的夜里看烛火摇曳，或小酌，或浓情依偎，听虫鸣，看星星，是买不来的逍遥自在。

湖州市德清县莫干山镇劳岭村岭坑里

0572-8830666

小贴士

玩点：莫干山风景区、芦苇荡公园

美食：笋干红烧肉、烤黄油大虾、冷锅串串、莫干山竹啤

特产：莫干黄芽、德清早园笋

银杏故里

满地翻黄银杏叶，
忽惊天地告成功

八都岕是中国最古老的银杏村，12.5公里的银杏长廊在重峦叠嶂的簇拥中挺拔千余年。银杏故里在这里守候着花开结果、斗转星移。院前屋后铺满的金叶静静迎送着时光的流转。万片黄叶在秋风中起伏、摇曳，漫天飘散出小村千年的热闹。

湖州市长兴县小浦镇八都岕潘礼南村1号

13705825267

小贴士

玩点：古银杏公园、十里银杏长廊、大唐贡茶院
美食：自带泳池、落地大窗、名宿边上有一片茶园
特产：胥仓雪藕、长兴白果

小浦邻居

海内存知己，
方一有邻居

“邻居”表达的是在这屋墙瓦舍中，挖掘、阐释邻里和睦的友好长情。主人把院子和房间打理得井井有条，还有个供调酒用的小吧台，有着田园归隐的惬意。归林、归零、归邻，这就是邻居想要传递的价值观。

湖州市长兴县小浦镇方一村
13967253987

云栖舍

等风执笔，
听雨参禅

云栖舍距离一棵1300多岁的银杏王不过20米，在三楼阳台就可眺望大半个古银杏公园，把错落有致的银杏林尽收眼底。民宿的装饰材料大量使用当地竹材、木材，既回归自然，又体现了当地百姓的勤劳、智慧和人文。

湖州市长兴县小浦镇方一村89号
13905825569

民宿隐于古银杏林中，栖于潺潺溪流边，坐拥一处得天独厚的地理位置。春来，可近距离感受枝头嫩叶的生机；夏至，茂密的银杏叶遮住了毒辣的骄阳；秋风起，满地金黄让人迷醉；冬雪渐化，暖阳透过枝头洒满整个屋舍。和好友一道，品茶聊天，心旷神怡。

湖州市长兴县小浦镇方一村

13757265633

望雅千怡

银杏满地，心旷神怡

林中阁

十里银杏林，
独坐林中阁

湖州市长兴县小浦镇八都岕景区周家村212号
13362251333

十间房藏在十里银杏长廊中。雅致的房间里，姿态各异的根雕展示出主人独特的收藏品位。手工作坊里，女主人一手制作麦芽糖的绝活让客人欣喜。打开客房窗户，满目的银杏和竹林让人放下疲惫，来个深呼吸。

隐居乡宿

倚杖柴门外，
临风听暮蝉

当地居民来自五湖四海，一户一姓，没有统一的宗族起源，赋予了隐居乡宿开放的性格。每栋房子都以“家”相称，相互依偎，多了几分街坊邻里的亲切感。在小馆喝着咖啡看着书，享受一个悠闲的午后，静静感受生活的禅意。

湖州市长兴县泗安镇上泗安村330-1

0572-6870261

还记得小时候钓龙虾、抓泥鳅、找萤火虫，甚至抓蛇的经历吗？百翠山居远离城市喧嚣，这里占地2800亩，拥有原生态的竹林和清新的空气，可以在这里细看小儿无赖，溪头卧剥莲蓬。若有闲情雅致，不妨到山顶品茶，阁楼名叫“杨梅山茶亭”，高朋满座，音乐人、摄影师、艺术家等，轻松惬意，一起共享自己对人生的感悟。

湖州市长兴县水口乡水口村王家庄凤凰湾百翠山居

0572-6533038

百翠山居

寄情田园，
归隐自然

莫干·云镜

月下飞天镜，云生结海楼

这里背山面水，极目远眺皆是绿色山林，巍巍莫干山尽收眼底。主人是位70多岁的老爷子，从上海回到故乡，利用周边环境打造了个天然氧吧。在云镜，望着远山上升腾起的白云，有一种“行遍莫干山，坐看云起时”的美妙意境。

湖州市德清县莫干山镇庙前村1号

13587222612

田园曼居

独出门前望田野，
月明荞麦花如雪

独出门前望田野，月明荞麦花如雪，坐落于农场附近的田园曼居，采用清新自然的田园乡村风格，庭院中、窗门外、阳台上，无不花团锦簇，鸟语花香。没有高墙围绕，只用原木栏杆，半开放的院落将院里的景色一直延伸到了院外。

湖州市德清县莫干山镇劳岭10号（劳岭水库旁）
13757211877

纯氧宅

雨洗娟娟净，风吹细细香

清风拂来，绿竹随风摇曳，碧浪层层，一片竹的海洋。在纯氧宅，只剩“我劈柴喂马，你织布炒茶”，随意躺在客房里，周身弥漫木质香，大片窗景收容着竹林的姿态。每扇窗都面对辽阔的山景，无须刻意寻美，你就住在美之中。

湖州安吉鄣吴镇民乐村纯氧民宿

18267280056

墨林院

漫步墨林一瞬间，
心旷神怡意悠然

民宿主人是书法大师董才宝，满怀着对书法和民宿的情怀，打造了一个闹中取静、枕水而居的江南小院。院内花香水榭，古木成荫，虽与市井仅一墙之隔，却丝毫不受外界干扰，如同隐身于尘世间的世外桃源一般，私密、幽静。

湖州市安吉县天子湖镇西亩村
17757208177

十二间房

十二个时辰，
十二次惊喜

这是一家充满“后工业”气息的民宿，外墙红砖与内部黑白的主色调形成强烈的视觉冲击。原木家具带着自然气息呈现于眼前，处处透着舒适的感觉。这里的一砖一瓦，一草一木都美得恰到好处，都是主人对生活的热爱。

湖州安吉灵峰旅游度假区横山坞村木鱼山自然村28号
13735179550

四季慢谷

人闲桂花落，
夜静春山空

一侧是漫山竹林，夹道边是一排排烂漫山花，六幢淡雅的建筑沿河而筑，每个房间都带有私家露台，开窗即景，呼吸间都是醉人的芬芳。因为坐落在农作物丰盛的山谷之间，享受采摘乐趣的同时，也能品尝到原汁原味的美食。

湖州安吉县孝丰镇茗源路88号
0572-5720015

“日出而作，日落而息”就是这里的常态生活。民宿主人离开繁华城市，回到家乡打造了一座理想居所——古朴的老式四合院、花草馥郁的独立小花园和一片有机天然菜地。这里每天只接待少量客人，以维持村舍低调安静的氛围。

湖州市安吉县上墅乡上墅村

15857212321

松果花园

酒醉只在花前坐，
酒醒还来花下眠

夏庄

一山一水隐夏庄，
一书一画到天荒

群山环抱的夏庄拥有3000余册藏书及烟标字画，走进书阁，淡淡的古木香气扑鼻而来。书籍摆放错落有致，每本都有着不同的“痕迹”，它们来此之前的“记忆”，可能在你翻开它的时候，如同一只蝴蝶一样，翩跹飞出来。

湖州安吉县天荒坪镇大溪村

13735175958

竹中驿

长江绕郭知鱼美，
好竹连山觉笋香

在民宿中除了“宿”，还有让味蕾更加挑剔的美食，美食美宿撩动的是一段美好的回忆。竹中驿是首届“舌尖上的安吉”之“十大名店”。比起民宿，它更像是一家私房菜坊，土鸡、溪鱼、野味、卤笋……可以说烟火气息十足。

湖州市安吉县灵峰度假区老机场路城南竹博园西侧

0572-5339000

青舍民宿

绿水青山，青之恋舍

透过北欧风房间的大落地窗，满眼绿色毫无保留地映入眼帘，开窗呼吸，空气如此清甜。实木的家具、乳胶的床垫、石灰加草木灰的传统工艺，这家位于余村两山景区的民宿处处透着“绿水青山”的自然气息。

湖州安吉县天荒坪镇余村村大坦自然村
13586587944

悦木堂

悦木者，
悦心也

大量落地门窗引入自然的光影，将江南水韵的禅雅和舒适性完美融合。悦木堂只打造了少量的客房，留出近半的空间作为公共区域，满足宾客的各种需求。内敛、低调、含蓄是这里永恒不变的主题，让人感到自然通达。

湖州市南浔古镇南西街象门街5号楼

18868208773

闻着炊烟的味道，踏着古朴的青石板路，善居·隐舍就坐落在南浔一处静谧安逸的巷子中。这里有享受慢时光的咖啡厅，爬上二楼是一间书吧和瑜伽房，置身其中，可感受阅读的安谧和空间的张力。

湖州市南浔区南浔镇南西街29号晶园晶街10幢1022号

13957296660

善居·隐舍

与人为善，
与善人居

云栖澜亭

水巷小桥多，
人家尽枕河

贯穿古镇的小桥流水，铺向远方的青石板路，处处散发着浓烈的人文气息。回头一望，云栖澜亭就坐落在景区入口不远处。温泉房、亲子房、阁楼房，每间都有独到的设计，让远道而来的客人感受到回家般的温馨。

湖州市南浔区南浔镇香山桥商业广场2幢1单元
0572-3910766

嘉兴

JiaXing

坐拥山海湖，
这里自古便是观潮胜地；
商贾繁华，
鱼米之乡就是这般模样；
白墙黛瓦，
水乡荡漾着江南风情……
算来浮生，
不过一梦。

1 九熹米葭　2 留白艺术客栈

九熹米葭

时光悠然，静舍柔软

自带江南水乡的隽秀，中式徽派建筑风格又赋予了九熹米葭悠然的气息。这里只有七间客房，踏入其中，有一种回家般的亲切。喝一杯茶，听一段曲。听老戏台上面说唱世事的变迁沉浮，千百年前的故事依然在小镇静舍的吴侬软语里流传。

嘉兴市桐乡市子夜路新建互联网园区（乌镇街）4号楼东幢，近乌镇大桥

0573-88730688

小贴士

玩点：乌镇东西栅景区、乌村、茅盾故居

美食：葱油白水鱼、古镇酱鸭、酱蒸芋艿等

特产：三百酒、熏豆茶

留白艺术客栈

不留于白，
于白处留你

在烟雨古镇西塘深处，你就能看到她的模样。“行舍”“等风”“清闲”“不忙”“看云”，留白的每间房都有自己的名字，旧木的纹理和温淡的灯光更烘托了空气里独有的香味。主人喜于摄影，偶尔会帮客人拍照，每张都很走心，每张都是一个故事。

嘉兴市嘉善县西塘镇烧香港北街28号
13819077700

小贴士

玩点：西塘烟雨长廊、酒吧街
特色：旧木纹理空间；电影播放室；书吧、坐禅室
特产：嘉善黄酒、姚庄蘑菇

那年晚村

时光流水，
淳朴纯粹

在白墙黛瓦、小桥流水的乌镇南栅，泳池、木栈道、竹躺椅、白帷幔可谓独树一帜。原木色的地板床榻、纯白色的床单，加上淡淡的熏香味，像一首浪漫的赞歌。这里大半的房型都配有浴缸，几片花瓣一撒，来杯红酒，好不惬意。

嘉兴市桐乡市乌镇镇公园村10号

0573-88730808

意居舍

枕水江南，
墨意流淌

在大阳台做清晨瑜伽，在纯品空间体验创意蓝印手艺，在满是鲜花植物的咖啡厅点上一首喜欢的爵士乐，这里浓缩了乌镇东栅的那些生活韵味，让心沉醉。以瓦片为素墨，以桑枝为点彩，光线斜影，构筑了此处逍遥梦之所。

嘉兴市桐乡市乌镇镇凤仙路280号

0573-88716789

拾雨楠舍

白墙黛瓦入画，
阳光倾泻成诗

白色墙面、中式窗格、竹子围栏，院里大理石按几何状拼铺满地，竹顶长廊阳光偶尔倾泻，竟也有种不知身在何处之感。在西塘的烟雨长廊拐角口，坐在民宿房间的露台上，捧一杯温茶，静看白墙黛瓦，无人打扰。

嘉兴市嘉善县西塘镇塔湾街69号

13905830633

贵和园

江南相思引，
衔我千里心

隐于西塘古镇深处的百年老民居“绥寿堂”改成了贵和园民宿。推门而入，便是独特的江南园林庭院，前后大花园里的百年假山、凉亭、古井营造着野趣小雅，相对庭外竟是另一番景象。聆风听月，体会岁月静好的安宁。

嘉兴市嘉善县西塘镇礼耕堂16号
13105839821

商玉客栈

小园烟草接邻家，
桑拓阴阴一径斜

白墙黛瓦、石路小池、木门回廊，处处渗透着质朴写意的韵味。它拥有偌大的院落可以供客人休憩品茗。墙内外种着不少果树，每到成熟季，客人的茶余小点就会多出时令的美味水果，生活的幸福想来便在于此。

嘉兴市海盐县澉浦镇紫金山村紫云里
0573-86568999

行乡子

画笔轻点行乡子，
一席青衣待君来

这里背枕翁金线，稻田围绕，看江水潮起潮落。粉墙黛瓦、四面八窗，整体错落有致，行乡子处处体现江南水乡气息。阳光活力、激情炙热、舒适温和、素雅安宁，分别对应“春夏秋冬”四种房间，各自成趣，轻施粉黛静等君来。

嘉兴市海宁市丁桥镇新仓村梁家墩58号行乡子
0573-87503000

绍兴

ShaoXing

白墙粉黛砖瓦，
小桥流水人家，
枕着桥影橹声，
住进那乡愁里的故乡，
住进那清风白云下，
翠竹碧水间的江南。

若耶山居

清风白云下，
翠竹碧水间

十三幢木屋别墅依山势整齐排列，每一间房都面朝云海山峦。当清晨的云雾涌来，朝阳给树梢染上了微光，这里便化身为一座童话小镇，尖尖的屋顶融入蓝天白云中，脱离了城市的车水马龙，只剩下明信片般的画境。

绍兴市柯桥区平水镇金渔湾农庄
0575-85766788

巧云居·艺舍

一水护田将绿绕，
两山排闼送青来

民宿主人笔下的新昌山水极具灵性与魅力，想与更多的朋友分享新昌的美景、美食，巧云居表达的正是人们向往的“理想生活”。绿树村边合，青山郭外斜，当夕阳西下，皓月挂天边，何不枕着这徐徐山风，做一场诗意栖息的梦。

绍兴市新昌县巧英乡联防村
13706852156

金华

JinHua

既无繁华闹市之盛景，
亦无海阔天高的设想，
岁月雕琢下，
幢幢老宅依稀可见当年的姿态，
旧时光里私藏了满满的诗意。
这里，
胜似桃源。

1 显栈　2 逸境

昱栈

春光不可无人管，
花边酌酒随深浅

昱栈拥有一个仰望星空的室内泳池，泡在这八卦玄妙之地，抬头瞥见几盏飞扬的孔明灯，配上满天星光，心也随之沉醉。闲来无事，坐看阳光渐上瓦檐；或是晚来夜读颜如玉，让浮躁归于平静。缓步在四百余年的明清古宅里，享受着最充实不过的愉悦。

金华市兰溪诸葛八卦村上塘街30号
0579-88601999

小贴士

玩点：诸葛八卦村、隆丰禅院、百草生态园
美食：鸡子馃、兰溪素包、兰溪肉圆、芝堰水米糕、游埠发糕、角带酥、兰溪酥饼
特产：兰花、兰溪毛峰、金华火腿、杨梅、大红柿、小萝卜、金华酥饼

逸境

心之所向，素履以往，诗与远方，安逸之境

栖于通济湖畔的“书画前吴”，开窗便是秀水青山，逸境不远都市却独享一份淡泊安逸。面湖的落地大窗户、简欧风格的房间、温馨的咖啡与简餐服务，民宿主人不仅把自己的梦想照进现实，更是给客人打造了一个“老友俱乐部”，没有杂七杂八的烦恼，有的只是最亲切的问候。

金华市浦江县前吴乡市目村1号
13606796878

小贴士

玩点：通济湖、罗源村
特色：临湖全落地的定制玻璃幕墙；提供湖鲜，烤全羊、铜锅饭；露天茶厅等
特产：巨峰葡萄、浦江豆腐皮

横店衡逸阁民宿

青砖小瓦马头墙，
回廊挂落花格窗，
梦里水乡芳绿野，
玉谪伯虎慰苏杭

客房面积有近千平方米，临江而立，开放空间和空调地暖为这栋低调的徽派建筑增色不少。客人能在宽阔的露台上沐浴冬日暖阳，在梦想庭院里嬉戏，在安逸大堂里品茶，在酒窖里品酒看电影，能暂时放下生活的烦恼，感受到“回家”的暖意。

金华市东阳市横店明清宫街2号
0579-86776080

武义青枫谷山庄

山好，水好，空气好，人更好

清溪流过，山风吹过，枫叶飘过，磨盘铺就的小道连接着庄内庄外。暖色灯光洒在树墩、陶器上，映射出温馨可人的客房。拥有独一无二的立体空间北欧风独栋小木屋。艾糕、红茶、宣平贡莲……一个畲族镇的民宿自然是不缺特色美食的。

金华市武义县柳城畲族镇车门村
0579-87883888

山里佬黄精小院

邀你来感受养生味蕾

黄泥墙、木雕门窗、磨盘式茶几，土窑烧制的大青砖铺地，野生中药材作为绿化，石磨组成的外围景观……这座民宿以中药黄精养生为特色，充分融入了主人的精细用心。若是深秋探访，银杏古树叶随风飘落满地，更是添了几分闲适的情调。

金华市磐安县新渥街道殿口村川坑

13706791867

禾飘香民宿

东风染尽三千顷，
白鹭飞来无处停

青山绿水间藏着一个国际标准的钓鱼池，碧水荡漾的始丰溪畔，“绿色丛林”“鹊桥相会”“海天相连”等不同主题房间汇聚在一栋民宿中。走进这栋看似普通的民房，喝上一壶名叫“回家”的香茶，享受主人精心打造经营的温馨天地吧。

金华市磐安县方前镇下村村

13738986656

衢州

QuZhou

静驻衢州民宿，
翻几本闲书，
品几口淡茶。
静倚炉火边，
安静地等待着，
与那个恰好路过的陌生人，
在时光里相遇。

1 圃舍·源溪

圃舍·源溪

一方水土，
归园田居

位于九华山下的圃舍·源溪，以田为圃，以圃为家。用原石、竹子、原木等最自然的元素改造了老乡政府，组成现代版的归园田居，再现旧时乡村生活的情境。推门便是山水，和出世隐修无关，与归园田居有关，这样的生活，你岂能不向往？

衢州市柯城区九华乡新宅村云头1-1号

0570-8353888

小贴士

玩点：烂柯山、衢州孔庙

特色：民宿周边环绕着四山两溪，依山傍水；可亲自体验耕作；提供三餐定制美食

特产：柯城鲟鱼、江生记咸花生、邵永丰麻饼

溢舍

竹径通幽处，
有舍路边立

小路拾级而上，半山腰处穿过层林，有户民居便是溢舍。原本只是主人自己休憩的地方，渐渐地，越来越多的人对这竹林小筑产生了兴趣，于是主人索性将这幢房子换装成了民宿。风吹过时，竹叶簌簌作响，耳畔瞬间没有了城市的喧哗，只有风声荡涤。

衢州市九华乡妙源村寺坞自然村

18005701118

村上酒舍

原乡生活品佳酿

一个80后美院毕业生和他90后的妻子，回到家乡，花完积蓄将有着200多年历史的老房子改造成以古法酿酒为主题的民宿。日式风格的厨房、无印良品床品、亲子房木质滑梯、自给自足的应季蔬菜……每个人在这里都能体验到原生态的乡村生活。

衢州市常山县新昌乡对坞村54号

13738007879

汉唐香府

清新雅致，与世无争，
背山面水，风景独好

这是一家“五道文化”主题民宿，古琴音乐绕梁，名家字画点缀其间。躺在床上就能欣赏到钱塘江源头的秀丽风光，独立的户外景观平台，喝茶、看书都是不错的选择。民宿会举办文化雅集，闻香、品茗、弹琴，传统文化的氛围浓厚。

衢州市开化县音坑乡下淤村，金溪桃韵下淤河边
13616708288

和睦大院

百年旧屋迎新客，
和睦相处品茶香

民宿主人将各地的古民居聚集此处，使其重新焕发生机。几重门栏，前院方正宽大的庭院，质朴而不失精致，晴雨赏景各有韵味。落日余晖中，手捧茶盏，不争朝夕，不谈悲喜，喝茶论道，执笔绘画，分享道不尽的乡愁与往事。

衢州市江山市江郎山区清湖镇和睦彩陶文化村158号

0570—4728999

忆宿·隐柿东坪

一舍一亩田，一宿山水间

两位设计师被村落的恬静吸引，希望将东坪的特产“油茶树”“柿子”推广得更远，所以一拍即合，决定在这里创立一个业态馆。城市喧嚣，一个避世民居便成了人们的心之所向，人海穿梭的烦乱，你可以随时驻足，等待清风将风光送到你的面前。

衢州市衢江区峡川镇东坪村
13867478563

舟山

ZhouShan

我有一所房子，
面朝大海，春暖花开。
沿着环山公路，
驶上海景沿线，
看清晨第一缕阳光冉冉升起……
舟山，
是时间和阳光的天堂。

1 庐岸·翁家岙

庐岸·翁家岙

结庐在人境，
而无车马喧

在颇具历史的石头古村里，它满足了小资游人们的需求：咖啡馆、茶室、露天阳台……而“山居”“花园”“烟雨居”“繁星屋”四个系列的房间满足了“逃离城市”精英们的轻奢需求，精品的内饰、管家式的服务让这里成为“网红打卡地”。

舟山市普陀区展茅街道

13506603517

小贴士

玩点：普陀山风景区

特色：私人订制管家服务；拥有咖啡屋、露天阳台、小花园

特产：普陀海鱼干、普陀佛茶、南海紫菜

漫度

一座民宿，花开四季，无拘无束，漫度时光

欧式院子繁花似锦，推开大门，便是亮堂的前厅，这个距离沙滩仅10分钟车程的民宿，当你需要时会及时出现，温暖心灵。这里有“清新文艺”“温馨浪漫”“余忆童趣”等不同风格的房间，深呼吸间有着海味的新鲜空气，等待着有缘朋友来“漫度”美好时光。

舟山市普陀区朱家尖寺岙小区
13656807219

有茶有海

茶是古树茶，海是荧光海

几位茶人跨过山海，在这个300多年历史的渔村找到归宿。面朝大海，禅茶一味，矮墙改成了休闲吧，喝杯清茶，远处的岛礁和渔船星星点点，带着咸味的风拂面而来，这就是舟山最传统、最原生态的渔村生活缩影啊。

舟山市普陀区朱家尖樟州村15号

18938888207

在有着名家字画的客房休息，在弥漫着纸墨香的书房中享受午后时光，在中式茶席上谈天品茗……正如其名，这是一栋有“书”的房子。步行几分钟便可到达南沙国际沙雕景区，弄潮赶海戏沙归来，吃点特色海鲜美食，这是一个旅途中温馨的“家”。

舟山市普陀区朱家尖南沙寺岙小区8幢101
0580-6631731

有书房

蓝天、大海、沙滩、
品茶、读书、赏书画，
请来有书房

海湾森林

东海边的圣托里尼，
舌尖上的鲜活嵊泗

海湾森林民宿位于嵊泗东海渔村，房子沿坡而建，错落有致，因极佳的视角，海景畅览无遗。蓝白相间的地中海式建筑、巴洛克风情的窗户、高矮起伏的纯白围墙，固有“嵊泗圣托里尼”之称。男主人地道的海鲜烹饪厨艺和女主人热情淳朴的待客之道，更是这个民宿的点睛之笔。

舟山市嵊泗县五龙田岙洪家弄28号
13665819787

凭海听潮

一起看海，听海的声音

夜深人静时听着大海吟唱的“催眠曲”，枕一场好梦；天朗气清时望着船只来往，喝一杯佳酿，这里就是关于大海最真实的存在。船模、绳结、渔民画、老船木，配上大海、沙滩、礁石、渔船，渔家的温馨让这里的房间更有本土色彩。

舟山市嵊泗县菜园镇石柱村银沙路108号
0580-5868268

阡陌

陌上花开，可缓缓归矣

位于东海渔村的阡陌正对海上牧场，拥有超宽视野的观海大露台，拉开窗帘满眼碧海蓝天。七间客房注重舒适的体验感，所有设计坚持原创。主人以前是背包客，很乐意带领住客们前往周边美景地，也很享受去市场采买新鲜食材烹饪美食的过程。

舟山市嵊泗县枸杞乡里西村竹山巷43号

18042390930

青鸟旅店

愿如青鸟海上飞

内心渴望自由的几位媒体人，用渔村旧民居改造成了一家“给予有梦青年鼓励”的民宿。白灰简欧风装饰的房间大多面朝大海，推窗深呼吸，神清气爽。门口的院子是视野最佳的海景观景台，伴着日升月落看渔村和大海的和谐相处。

舟山市嵊泗县城边礁岙村丰渔路3号

18958183235

行止

行止，
这里有另一种时间

行止仅四间房，庭院种满着植物，出门能望见最自然的山海。主人是个上班族，好静喜阅读，迷恋土地和植物，想着鱼和熊掌兼得，能将一生过成两辈子，按照自身“行止”的节奏，保持独立思想，投射生活态度，不急不躁地成长。

舟山市嵊泗县菜园镇马关宫山路1号
13857211566

兰秀十七

在艺术品里，
享受恬静生活

以黑白灰为主基调，工业极简风的装修，将当代艺术融入到住宿中，让游客们与艺术有更多更直接的触碰。“岩”“白”“松”“空”“沧”“井”六个房间各具特色，让入住的朋友一直都对兰秀十七保持些许的新鲜感和探索欲。

舟山市岱山县秀山乡兰秀路17号园墩村，近东坡路
15336801717

村上村宿

一家具有海岛渔村特色的民宿

它面朝蓝天、碧海、沙滩，屋内又别有洞天。内部设计利用了古渔村物品作为装饰，在新与旧的相互交融中，给到游客的是舒适的享受，也传达了现代的生态环保理念。主人喜好茶道，听着海鸥声喝茶论道，别有一番风味。

舟山市岱山县衢山镇涨网套社区14号
13735551088

小岙民宿

此去农家三十里，
山坳聊可避风尘

这里有家的温度和海的风度。一家人将海岛老屋改造成工业风民宿，春天邀你去风车之岛看风车；夏天邀你当渔民，驾渔船，唱渔歌，捕海鱼；秋天邀你趁丰收来一场海鲜盛宴；冬天邀你点起篝火，一起烧烤、喝酒，载歌载舞。

舟山市岱山县东沙镇工人里路29号

0580-7337000

台州

TaiZhou

每家民宿都是一段时光：
无论是山边、湖畔，
还是城中；
或优雅、或文艺、或奢华、或姿态万千。
闲来坐看云卷云舒，
也是极美。

1 舍不得

舍不得

舍得，舍不得

山谷环绕、古木参天、溪水潺潺，民宿主初次到访就打算在山下盖一间“舍不得”。青砖黛瓦的两层小楼，静雅地掩映在绿树之中，一砖一瓦都保留着老屋的韵味。推开门，便进入了一个极具设计感的几何空间，房间清新而富有禅意。

台州市天台县平桥镇团圆山村8号，近前桥线

15968147966

小贴士

玩点：天台山景区、国清寺

美食：水果沙拉、芝士大虾、意式蝴蝶面、香煎牛排

特产：天台山云雾茶、天台乌药、天台山蜜桔

风从海上来

南岭青山黛，
风从海上来

历尽沧桑的石径、石墙中，一群对音乐向往的人相聚，将残垣断壁修葺成与蓝天碧海遥相呼应、与艺术相伴相融的精神家园。充满海洋文化的石头屋改造的原生态房间配上木质家具和暖色灯光，让人枕着海浪声安心入眠。

台州市温岭市石塘镇金沙滩绿道口

0576-86606666

爱琴海

牵手沙滩，领略东方爱琴海的味道

一家以爱情为主题的民宿，从房间到布景都是以主人夫妇的爱情故事为原型精心设计的，关窗是原木风的温馨空间，开窗是海天壮阔的无限景致。这里的艺术手工室你一定不能错过，带着孩子一起绘画、剪纸、石绘，是多么美好的亲子时光啊。

台州市温岭市石塘镇高岩村洞下沙滩边

15058638779

清泉

明月松间照，
清泉石上流

溪流交汇于此，氧气充盈于此。满眼的绿树花海，特有的天台黄茶田，清泉民宿就在其中，洋溢满满的安逸与祥和。这是一家处处让你感觉“住在家里”的民宿，主人很热情，总是乐意带客人去看最美的风景，也会用当地食材，烹制最地道的本地美食。

台州市天台县街头镇山头下村
15205863878

山时

山中花开，
聚散有时

曾经荒芜的石头房经过改造，成了一间有趣的民宿，墙体保留了原本的石头结构，内部装饰“新旧结合”，农具和老物件经过改造焕发新生。草木蓝染的床品，清润的瓷器点缀，客房以简洁舒适为主线，处处体现山居情调。

台州临海市括苍镇黄石坦村
13586115459

临峰小栖

神仙居旁的暖意客栈

客栈四周环山，云海缠绕在神仙居的奇峰异石间，永安溪水清澈见底。温馨的房间可以让你睡个好觉，宽敞的大厅为你提供舒适的交流空间。每个季节山上都有不一样的美味野菜，主人每天会准备新鲜食材，为客人奉上地道的“农家”味道。

台州市仙居县淡竹乡下叶村叶宅，近神仙居南门，近白龙线

15868676362

丽水

LiShui

累了，小楼一夜听风雨；
困了，泡壶香茶等花开；
闲了，隐居画乡不问事；
懒了，云上五天似神仙……
睁眼，云飘在枕边，
你还未醒。

1 如隐·小佐居
2 云上五天
3 米乐娜
4 过云山居

如隐·小佐居

如隐只是一扇门，帮你连接身体与纯净的灵魂

在群山深处，一位80后副教授为了与家人团聚，躲避雾霾，在清代诗人严用光300年故居基础上，改建了如隐·小佐居。春赏梯田如镜，沐云卷云舒；夏品清凉如水，观星移斗转；秋望稻穗如金，遇花开花落；冬听寂静如歌，赏雪飞雪融。

丽水市景宁畲族自治县云中大漈景区小佐村

18268901888

小贴士

玩点：体验村民的日常生活（收割水稻、做麻糍等）、小佐梯田

美食：牛骨汤、剁椒鱼头、白灼河虾、炒时令蔬菜

特产：香菇木耳、惠明茶、山哈酒

云上五天

推窗见梯田，
盼你入梦来

5年前，女教师因一段5天的云和之行，和当地的小伙相遇相恋，决定永远留驻在这里。他们将老房子改造成七个风格迥异的房间，打造了一个看得见生活的家。推窗见梯田，仰头看星空，伸手触云海，与夏日流萤做伴，和冬日白雪游戏。

丽水市云和县崇头镇梅竹村墩头垟4号

13671689500

小贴士

玩点：云和梯田、坑根石寨

特色：民宿位于海拔1000米的梯田之上；拥有超大露台；国家二级厨师亲自制作美食

特产：云和雪梨、云和黑木耳、云和木质玩具

米乐娜

天，原来我们住在意大利

民宿主人是个旅居意大利20年的莲都女子。她用米兰、佛罗伦萨等城市命名5个客房，用一面墙的油画让这间房子与意大利有了时空的交错。咖啡酒吧、地中海式花园……欧陆的饮食文化、风土人情随着往来的旅人，渐渐荡漾开来。

丽水市莲都区大港头镇江滨路100号
0578-2809001

小贴士

玩点：古堰画乡景区、通济堰
美食：意式牛排、德国香肠、意大利面、意式咖啡
特产：处州白莲、丽水椪柑

过云山居

从此一觉醒来，
云就飘在枕边

在海拔600多米的松阳西坑村，过云山居远居深山，住客们慕名而来。在这里，可以感受手揽云海的美妙，能看到八种云的姿态。八个客房面朝山谷，名字从一朵两朵数到八朵，每间都有坐看云卷云舒的大露台，可以看着云发呆一整天。

丽水市松阳县四都乡西坑村

0578-8801888

小贴士

玩点：西坑村、四都寨头摄影基地

特色：超大天台看云海；提供创意法餐；有亲子活动区、榻榻米茶座

特产：松阳苦丁茶、松阳晒烟

初见仙都

初见时的心动是什么样子的？

转身是山，开门见溪。初见仙都将“回归自然”做到了极致，外墙用木头铺满，大自然造就的纹理独树一帜。穿过绿意盎然的小院和质朴的木门，室内空间通透明亮。每一间客房都以仙都的景命名。一个转身，便将水墨画般的风景尽收眼底。

丽水市缙云县仙都街道轩辕街395号、397号
13735922239

摄影主题民宿客栈

梦游爱丽丝仙境

带有壁炉的客厅、美式田园风的沙发、复古的扶手椅、暖橘色调的家具……这个慵懒的民宿，似乎天生就适合怀旧。除了室内公共空间，主人还在顶楼打造了一个大露台，三色堇、茉莉花、吊兰肆意生长，一切像爱丽丝梦游仙境般奇异。

丽水市缙云县仙都街道85号

18705888328

静思小筑

仙都梦寻处，
澄怀静思乡

禅意与民宿邂逅，自是心灵深处的世外桃源。客栈主人是十多年的慈济志工，她想让客人在这里体会“禅意和静思”的奥妙。在素木家具组成的环境中，可以品茗、冥想。参加读书会，或是观察一草一木、品一粥一饭，皆能涤去胸中数斗尘。

丽水市缙云县仙都景区轩辕街58号
13357078998

施家小筑

在秘境中，一推门穿越了国度

群芳盈门，青藤攀墙。从山水飘逸的仙境中抽离，转身进入施家小筑。暖黄色的灯光、泛着年代感的私人藏品，各具异域风情的房间……唯有夜里，四下安静，依稀听到小溪的水轻轻流淌，四季的风吹动树叶，才意识到：哦，原来还在秘境里！

丽水市缙云县仙都轩辕街209号

13967065129

畲娘庄园

石头村里，畲族姑娘唱情歌

在深垟这个海拔700多米的“石头村”，穿过石桥，畲族古民居错落有致。这里阡陌交通，鸡犬相闻。村里最大的民宿畲娘庄园由大礼堂改造而成，可以感受到浓浓的畲族风情，参与各种农事体验。山中日长，叫人不知今夕何年。

丽水市景宁县东坑镇深垟村

18205782288

品水巷风

草在结它的种子，
风在摇它的叶子

品水，是氤氲在江南清茶里的念想。巷风，是三月古镇里的水调歌头。“吱呀”一声，推开品水巷风小院的木门，古朴的木质家具泛着岁月的润泽，大大的落地窗，让视角延伸至窗外。这里的人最懂“诗意的生活”是什么样子的。

丽水市莲都区大港头镇丽云路90号
13666550230

汝南旧家

卧观星辰，坐享山珍

古木质结构泥瓦房，四季常驻的一抹绿意，畲乡特有的图腾……住在畲家小屋，穿上畲族服饰，做几日畲族青年。惊蛰过后刚冒头的春笋，雨水洗涤后的南瓜叶、番薯叶，是土地馈赠的美食。酒足饭饱，星星露出了身影，铺满整个夜幕。

丽水市莲都区老竹镇沙溪村22号

15058565808

云上伊人

白莲深处有人家

利山村，有着500年历史的畲族古村落围着百亩荷塘而建。村口的“云上伊人”白墙黛瓦，莲蓬入画。房间内设有大飘窗，茶几、茶具、蒲团，一应俱全。晚上伴窗外的溪水声睡去。清晨醒来，一开木窗，山风窸窣，莲叶田田。

丽水市莲都区利山村

18857802480

青田尚仁村海拔600多米，梯田层层叠叠。民宿主花了四个月的时间翻新了旧屋。在面朝东南的客房内，感受大地四季更迭幻化，朝阳与晚霞余晖时序更换，云海、竹林、田园交织成画。10月，稻穗洒下遍地碎金，稻浪的涟漪从山脚一波波升上山顶。

丽水市青田县吴坑乡大仁村尚仁63号

13813873078

朋来居

比故事更美的，
是此间的风景

汀海

面湖而居的日子，
星星跳进湖里游了个泳

走进秀美的水乡长汀，沙滩一侧的古民居，错落有致的马头墙，沧桑的古道让人心生荡漾。汀海民宿就坐落于十里云和风景线上。躺在床上看湖，湖光开阔，望到尽头是山与云的交界。

丽水市云和县石塘镇长汀村
15925744758

浮生半日

喝茶、踏山、等雨，
偷得浮生半日闲

佛儿岩山脚之下，来往游客从门前走过。小院池塘、流觞曲水，猫狗嬉闹，似乎是梦中的世外桃源。沐浴晨光而起，去佛儿岩听树枝在风中伸懒腰的声音；踏山而归，喝一碗老茶，一顿原汁原味的山野早餐下肚，时间便不知不觉地过去了。

丽水市云和县安溪畲族乡黄处村

13575721158

廊桥故里

青山环绕，廊桥为伴

民宿位于古廊桥边上，有着篱笆围成的院落，青砖垒就的茶餐厅，青山环绕，临水而居，廊桥为伴。在这里，你可以吃到农家种的绿色蔬果，喝到农家稻米酿制的红粬甜酒。耳边是淙淙泉流，眼底是悠悠古桥。清晨和鸟儿一起散步，晚上枕着蛙声入眠。

丽水市庆元县五大堡乡濛淤村

15988078203

闲思居

端然无所作，
身意闲有馀

在遂昌蔡口村，璀璨星辰就像一日三餐般寻常。“闲友”“看云”“门弟”“中正”……闲思居的十间客房有各自的名字，这正是对“东方乡村生活”的解读。门前泳池映着葱郁青山，夜晚，月亮从头顶飘过。躺在床上，透过大大的落地窗，漫天星辰尽收眼底。

丽水市遂昌县焦滩乡蔡口村

0578-8451088、13567620077

悠然居

悠悠然于林间立，
飘然至而悠然归

悠然居的门口，标有“一座老宅五个房间，共品茶香”的字样。这里远离城市喧嚣，漫步林间，呷一口正宗的遂昌土茶，悠然而居。老板娘是位茶艺师，对每位来客都会亲自斟茶招待。推开窗，静听雨滴滴落山谷和云雾爬上山峰的声音。

丽水市遂昌县妙高街道凯恩路792号
15988097517

云闲斋

木匠之家，
时光是木头上天然的疤

主人曾是一名木匠，他把对老房子木质结构的感情都融在了这幢民宿里。简洁的厅堂、漂亮的线条，每一个角落用材都是木头，舒服的暗色上有天然的疤。面朝茶园的庭院，可以看见远处山峦起伏，茶树吐露着点点新绿，日出时闪着温柔的光。

丽水市遂昌县大柘镇车前村51号
13857042095

后记

此心安处是吾乡

一年前，浙江省旅游局在广泛收集民宿发展典型案例的基础上，编制了图文并茂的《此心安处是吾乡——浙江民宿导览》画册，并在2017浙江（上海）旅游交易会暨“美食、美购、美景、美宿”特卖会上首次免费发放了2000余册，受到行业内外读者们的关注和喜爱。随后，该画册又陆续加印4次，总发放量达到近7000册。

对于原画册的广泛赠阅与传播，我们既备受鼓舞，但也稍有遗憾。遗憾的是，原画册编制时间不够充裕，且编制时，白金宿、金宿、银宿的评定工作还没有完成，在民宿案例的选择方面不够理想。

鉴于此，浙江省旅游局对此画册进行了全方位的改版，并于2018年10月12日完成定稿。改版后的画册以白金宿、金宿、银宿为基础，替换、新增民宿40余家，更新高质量图片300余张，重新撰写民宿介绍文字1万余字，并对排版样式、页面布局做了较大调整，更加充分地展现了当前浙江民宿的发展风貌。

希望改版后的画册，能够成为政府引导民宿发展的“向导”、企业投资民宿建设的“指南”、业主提升民宿品质的“标杆”、游客预订民宿体验的“宝典”，成为读者们了解浙江民宿概况、关心浙江民宿发展的窗户，助推浙江民宿更加繁荣兴旺！

由于编写时间有限，难免有不足、遗漏之处，敬请大家不吝批评指正！

责任编辑：王佳慧
责任印制：冯冬青

图书在版编目（CIP）数据

此心安处是吾乡：浙江民宿导览 / 浙江省旅游局编
. -- 北京：中国旅游出版社, 2018.10
ISBN 978-7-5032-6126-8

Ⅰ. ①此… Ⅱ. ①浙… Ⅲ. ①旅馆－介绍－杭州
Ⅳ. ①F719.2

中国版本图书馆CIP数据核字(2018)第242694号

书　名：此心安处是吾乡——浙江民宿导览
作　者：浙江省旅游局 编
出版发行：中国旅游出版社
（北京建国门内大街甲9号　邮编：100005）
http://www.cttp.net.cn E-mail：cttp@mct.gov.cn
营销中心电话：010-85166503
排　版：浙江旅游信息中心有限公司
经　销：全国各地新华书店
印　刷：北京金吉士印刷有限责任公司
版　次：2018年10月第1版　2018年10月第1次印刷
开　本：889毫米×1194毫米 1/24
印　张：6
字　数：30千
定　价：58.00元
I S B N 978-7-5032-6126-8